BÉDU · CAUVIN

LES PSY

DUPUIS

Couleurs : Luce Daniels.
Maquette : Yves Amateis.

D. 1994/0089/33 — R. 5/2003.
ISBN 2-8001-2093-2

Imprimé en France par Pollina, 85400 Luçon - n° 89343.

Marqueur marqué

ALLEZ-Y, JE VOUS ÉCOUTE !
BEN VOILÀ ! JE SUIS UN JOUEUR DE FOOTBALL ET J'OCCUPE LE POSTE D'AILIER GAUCHE...
DANS QUEL CLUB ?
L'OLYMPIC DE FONTENOY !
DANS LE TEMPS, J'AI JOUÉ AU FOOTBALL-CLUB DE HAUBRAY ! MAIS MOI, JE JOUAIS ARRIÈRE DROIT...
EUH... BON !... CONTINUEZ !
DEPUIS LE DÉBUT DU CHAMPIONNAT...
CHAQUE FOIS QUE JE MARQUAIS UN BUT...
MTHU MTHU
MTHU MTHU
AU DÉBUT, ÇA NE M'A RIEN FAIT, JE TROUVAIS MÊME ÇA PLUTÔT MARRANT...
MAIS DE MATCH EN MATCH...
MOP

DE BUT EN BUT...
POP
J'AI COMMENCÉ À TROUVER ÇA...
AGAÇANT!
C'EST PAS BIENTÔT FINI! HEIN ?!
DITES!
PAR LA SUITE,...
SAKAI
CELA M'EST DEVENU INSUPPORTABLE...
NOOON!!
VOIRE ÉPROUVANT!...
LE RÉSULTAT NE S'EST PAS FAIT ATTENDRE...
DST
TGV
1/2

MAINTENANT, QUAND JE ME PRÉSENTE BALLON AU PIED, DEVANT LE BUT ADVERSE...
?
J'ATTRAPE COMME UN BLOCAGE!...
DU COUP, BIEN SÛR, PLUS PERSONNE NE ME SAUTE DESSUS... BIEN AU CONTRAIRE!...
MÊME L'ENTRAÎNEUR MENACE DE ME RENVOYER DU CLUB!...
DOCTEUR, AU SECOURS! DITES-MOI CE QUE JE DOIS FAIRE!... LE FOOTBALL, C'EST TOUTE MA VIE!!...
VENEZ AVEC MOI! IL Y A UN TERRAIN PAS LOIN D'ICI!...
QU'EST-CE QUE VOUS VOULEZ FAIRE?
VOUS DÉBARRASSER DE CETTE PHOBIE QUI VOUS ANÉANTIT CHAQUE FOIS QUE VOUS VOUS TROUVEZ DEVANT LA CAGE D'UN GARDIEN DE BUT!...
?
VOILÀ! VOUS ALLEZ MARQUER UN BUT!
C'EST TOUT SIMPLE, NON?...
1/3

MAIS... MAIS ILS VONT TOUS ME SAUTER DESSUS !
QUI ÇA "TOUS" ?
REGARDEZ VOUS-MÊME... NOUS SOMMES SEULS !...
ALLEZ-Y ! QU'EST-CE QUE VOUS ATTENDEZ ?...
J'OSE PAAAAS !
?
ALLEZ-Y, J'AI DIT !
BRAVO !
GOAAAL !
PAF
adas
adad
NOOOON !
J'AVOUE N'AVOIR PAS TRÈS BIEN SAISI VOTRE PROBLÈME, CHER CONFRÈRE ! ET SI VOUS RECOMMENCIEZ À ZÉRO ?...
ÇA REMONTE À DES ANNÉES, QUAND JE JOUAIS AU FOOTBALL... CHAQUE FOIS QUE L'UN D'ENTRE NOUS MARQUAIT UN BUT, ON LUI SAUTAIT DESSUS... DEPUIS LE TEMPS, JE CROYAIS AVOIR PERDU CETTE MANIE...
EH BEN, NON !
1/4
SERON - CAUVIN

Autopsy...

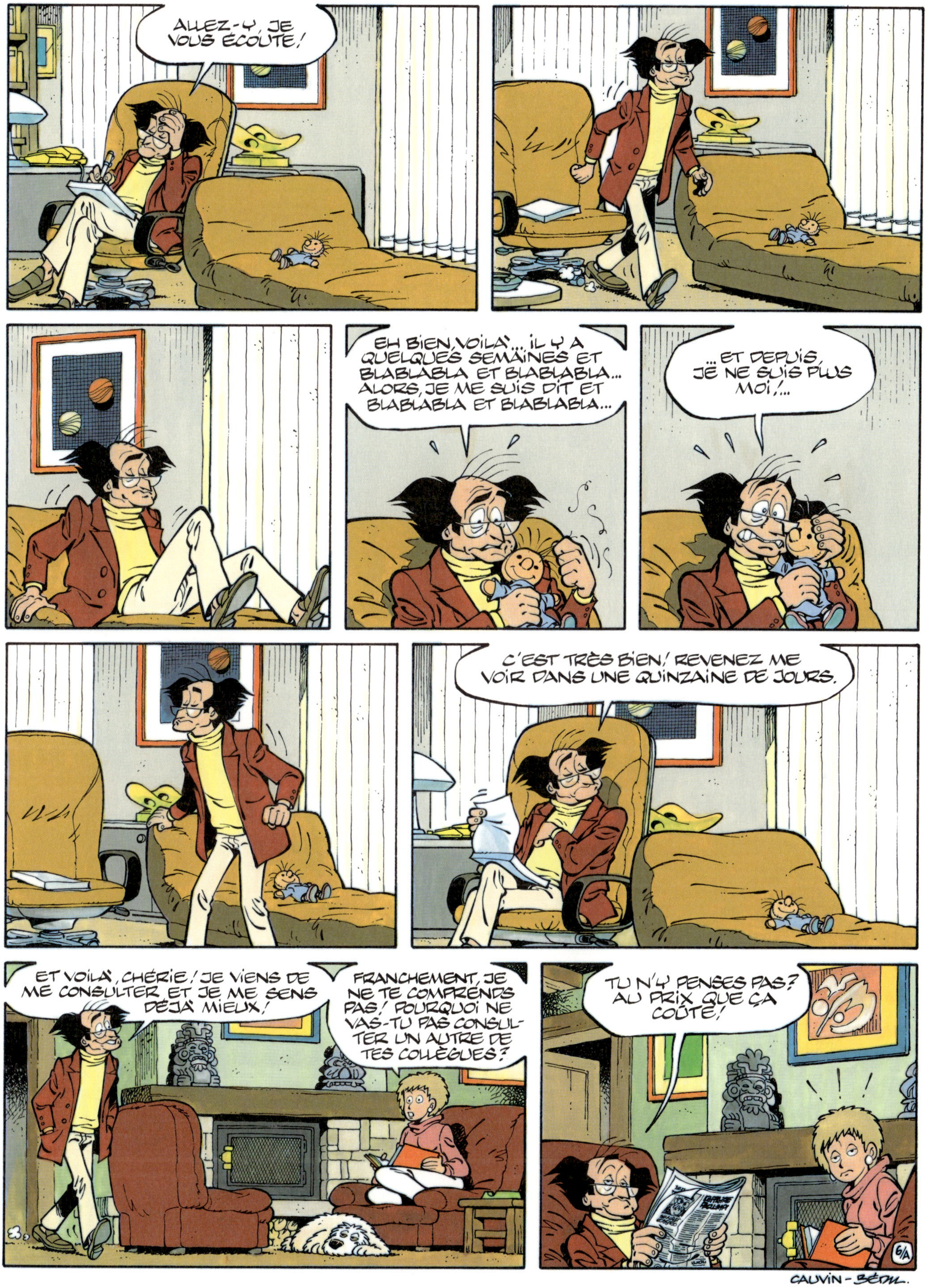
ALLEZ-Y, JE VOUS ÉCOUTE!
EH BIEN, VOILÀ... IL Y A QUELQUES SEMAINES ET BLABLABLA ET BLABLABLA... ALORS, JE ME SUIS DIT ET BLABLABLA ET BLABLABLA...
... ET DEPUIS, JE NE SUIS PLUS MOI!...
C'EST TRÈS BIEN! REVENEZ ME VOIR DANS UNE QUINZAINE DE JOURS.
ET VOILÀ, CHÉRIE! JE VIENS DE ME CONSULTER ET JE ME SENS DÉJÀ MIEUX!
FRANCHEMENT, JE NE TE COMPRENDS PAS! POURQUOI NE VAS-TU PAS CONSULTER UN AUTRE DE TES COLLÈGUES?
TU N'Y PENSES PAS? AU PRIX QUE ÇA COÛTE!
6/A
CAUVIN - BÉDU.

Mentir comme on respire...

OOWAAAH... EXCUSEZ-MOI !... ALLEZ-Y, JE VOUS ÉCOUTE, MONSIEUR BEAURANG !...
DÉJÀ TOUT PETIT, JE MENTAIS À MES PARENTS...
DIX SUR DIX DANS TOUTES LES BRANCHES, MAIS C'EST TRÈS BIEN ÇA !... JE PEUX VOIR TON BULLETIN ?
C'EST... C'EST QUE... JE... JE L'AI OUBLIÉ À L'ÉCOLE, PAPA !...
ROBERT, VA ME CHERCHER TON BULLETIN !
OUI, PAPA...
AAAAH !
ROBERT, ICI !
NON, PAPA !
EN FIN DE COMPTE, ÇA SE TERMINAIT TOUJOURS DE LA MÊME FAÇON...
LES ANNÉES PASSANT...
ROBERT, JURE QUE TU N'AIMES QUE MOI...
JE TE LE JURE, MA CHÉRIE !
JAMAIS JE N'AI PU ME DÉBARRASSER DE CE VILAIN DÉFAUT...
TU M'ÉPOUSERAS, NOUS VIVRONS HEUREUX ET NOUS AURONS BEAUCOUP D'ENFANTS ?
MOUI, MON MAMOUR !
BIEN AU CONTRAIRE...
JE T'AIMERAI TOUTE MA VIE...
MONIQUE !
OUI ?
3/A

IL T'A PARLÉ DE MARIE-JEANNE?
N...NON!
BIZARRE! IL LUI A PROMIS LE MARIAGE AVANT-HIER!... NOTE QU'À EVELYNE AUSSI... MAIS ÇA, C'ÉTAIT LA SEMAINE PASSÉE...
ROBEEEERT...
OUIIII
PETT PETT
PAF!
JE PRÉSUME QUE VOUS ÊTES RESTÉ CÉLIBATAIRE?
OUI!... OH, MAIS J'AI FAILLI ME MARIER!... ÇA N'A TENU QU'À UN POIL...
...C'ÉTAIT À BRUXELLES, IL N'Y A PAS SI LONGTEMPS...
AVANT D'UNIR CES DEUX ÊTRES DEVANT DIEU ET POUR L'ÉTERNITÉ, Y A-T-IL QUELQU'UN DANS CETTE ÉGLISE QUI A QUELQUE CHOSE LÀ CONTRE, UNE FOIS?...
PWAAP
OUÈÈÈ!
MOÂ!
ET ÇA S'EST ENCORE TERMINÉ DE LA MÊME FAÇON...
ADELINE, REVIENS! JE TE JURE, JE NE LA CONNAIS MÊME PAS!
ALORS JE ME SUIS DÉCIDÉ À FAIRE DE LA POLITIQUE. JE NE POUVAIS TOUJOURS PAS M'EMPÊCHER DE MENTIR, MAIS DANS CE MILIEU, AU MOINS, JE N'ÉTAIS PAS LE SEUL!
...ET AVEC MOI, FINI LE CHÔMAGE! IL Y AURA DU TRAVAIL POUR TOUS! ENFIN NOUS VERRONS DES AGRICULTEURS HEUREUX!
BRAVO!
DDT
3/8

... LES INFIRMIÈRES, LES ASSISTANTES SOCIALES RETROUVERONT LEUR SOURIRE...
BRAVO!
BRAVO!
LES ENSEIGNANTS, LES CONDUCTEURS DE MÉTRO, LES ÉMIGRÉS, LES FONCTIONNAIRES, LES MILITAIRES... TOUS, VOTEZ POUR MOI!... CE QUE MES PRÉDÉCESSEURS N'ONT PAS PU FAIRE POUR VOUS...
MOI, JE LE FERAI, JE LE JURE!
BRAVO!
ET BIEN SÛR, VOUS AVEZ ÉTÉ ÉLU ET VOUS AVEZ FAIT COMME LES AUTRES... AUTREMENT DIT, RIEN!
C'EST ÇA... C'EST EXACTEMENT ÇA...
ET EN FIN DE COMPTE, ÇA S'EST TERMINÉ DE LA MÊME FAÇON...
BOUH!
SI JE COMPRENDS BIEN, VOUS VOUDRIEZ QUE JE VOUS AIDE À TROUVER UN JOB OÙ VOUS POURRIEZ MENTIR À L'AISE...
SANS QU'ON ME TAPE DESSUS...
...ET PAYÉ, EN PLUS...
NATURELLEMENT!
ÇA PEUT SE TROUVER...
ET ÇA NE SE TERMINERA PAS DE LA MÊME FAÇON?
NOOON! DEPUIS LE TEMPS QUE ÇA DURE...
JE SAIS, HIER, NOUS AVIONS PRÉVU DE FORTES CHALEURS... MAIS C'ÉTAIT SANS COMPTER SUR L'ANTICYCLONE CENTRÉ SUR LE GOLFE DE GASCOGNE QUI NOUS A ENVOYÉ CET AIR FROID ET HUMIDE... À PRÉSENT, PASSONS AUX PRÉVISIONS POUR DEMAIN ET LES JOURS SUIVANTS...
JE PARIE QU'IL VA ENCORE NOUS ANNONCER 25° POUR DEMAIN ET QU'IL VA ENCORE GELER CETTE NUIT...
BAH! QUELLE IMPORTANCE... TOUT LE MONDE S'EN FICHE ET LUI, IL EST HEUREUX!
METEO
3/C
BÉDU - CAUVIN

Un plombier sous la main...

AU SUIVANT...
MONSIEUR?
DAMBRAIN... JULES DAMBRAIN!
INSTALLEZ-VOUS!
ALLEZ-Y, JE VOUS ÉCOUTE!...
EH BIEN, VOILÀ! JE SUIS PLOMBIER DE MON ÉTAT...
?
VOUS... VOUS AVEZ VOS OUTILS?
EUH... EN BAS, DANS LA CAMIONNETTE MAIS...
ALLEZ LES CHERCHER, VOULEZ-VOUS?
?
PLUS TARD...
ÇA FAIT DEUX MOIS QUE CETTE @#$! DE ROBINET FUIT!... MAIS QUE ÇA NE VOUS EMPÊCHE PAS DE PARLER! ALLEZ-Y, JE VOUS ÉCOUTE...
KLING KLANG
ENCORE PLUS TARD...
ALORS, NOUS DISONS DONC PROCHAIN RENDEZ-VOUS JEUDI 14H!... EN ATTENDANT, SI VOUS VOULIEZ BIEN PAYER MES HONORAIRES!...
SI JE COMPRENDS BIEN, TU LUI AS RÉPARÉ SON ÉVIER, SES TOILETTES ET SA SALLE DE BAINS ET C'EST ENCORE TOI QUI AS DÛ PAYER!?... À MON AVIS, TU T'ES FAIT AVOIR QUELQUE PART...
OUAIS, MAIS OÙ?
8/A
CAUVIN - BÉDU.

Les indécis

MONSIEUR LÉON BETTE, VOULEZ-VOUS PRENDRE POUR ÉPOUSE DOMINIQUE ROYET, ICI PRÉSENTE ?
AH NON, VOUS N'ALLEZ PAS ENCORE REMETTRE ÇA !... DE QUOI SOUFFRE-T-IL À PRÉSENT ?
À MON AVIS, IL FAIT UNE CRISE DE PSYCHASTHÉNIE...
DE... DE QUOI ?
C'EST UNE SORTE DE NÉVROSE QUI CONSTITUE LE SUBSTRATUM DE LA PLUPART DES OBSESSIONS...
ELLE SE CARACTÉRISE PAR L'ANXIÉTÉ AYANT POUR COROLLAIRES L'INCERTITUDE, L'INSÉCURITÉ ET L'INDÉCISION...
SACRISTIE
C'EST, SI L'ON VEUT, L'ASPIRATION À LA PERFECTION AVEC UN SENTIMENT D'INCOMPLÉTUDE, LA FATIBILITÉ DE L'ATTENTION...
ET... ÇA SE TRADUIT PAR QUOI TOUT ÇA ?
IL NE PARVIENT PAS À PRENDRE UNE DÉCISION !
KLOK KLOK
ET VOUS ?
GLOUP
VOUS SOUFFRIEZ ENCORE DE QUOI LA DERNIÈRE FOIS ?
D'UNE CRISE DE PSYCHOGÈNE !
AH OUI !
ET C'ÉTAIT ENCORE QUOI, ÇA ?
C'EST UN FACTEUR CAUSE D'ORDRE PSYCHIQUE SUSCEPTIBLE DE PERTURBER L'ÉQUILIBRE MENTAL D'UN INDIVIDU... CHAGRINS... ÉMOTIONS...
SCHROK
5/A

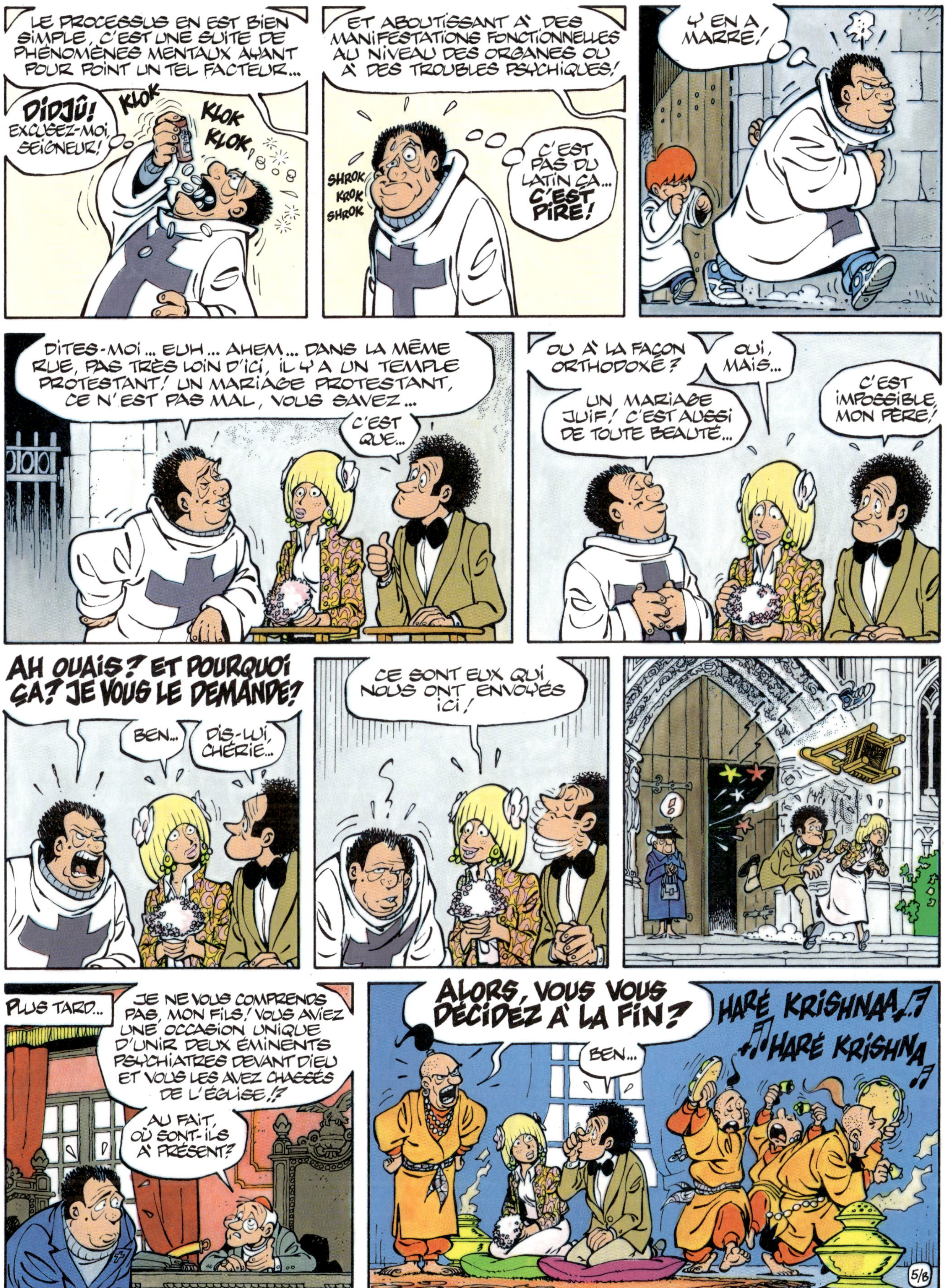
LE PROCESSUS EN EST BIEN SIMPLE, C'EST UNE SUITE DE PHÉNOMÈNES MENTAUX AYANT POUR POINT UN TEL FACTEUR...
DIDJÛ! EXCUSEZ-MOI, SEIGNEUR!
KLOK
KLOK
KLOK
ET ABOUTISSANT À DES MANIFESTATIONS FONCTIONNELLES AU NIVEAU DES ORGANES OU À DES TROUBLES PSYCHIQUES!
SHROK KROK SHROK
C'EST PAS DU LATIN ÇA... C'EST PIRE!
Y EN A MARRE!
DITES-MOI... EUH... AHEM... DANS LA MÊME RUE, PAS TRÈS LOIN D'ICI, IL Y A UN TEMPLE PROTESTANT! UN MARIAGE PROTESTANT, CE N'EST PAS MAL, VOUS SAVEZ...
C'EST QUE...
OU À LA FAÇON ORTHODOXE?
OUI, MAIS...
UN MARIAGE JUIF! C'EST AUSSI DE TOUTE BEAUTÉ...
C'EST IMPOSSIBLE, MON PÈRE!
AH OUAIS? ET POURQUOI ÇA? JE VOUS LE DEMANDE?
BEN...
DIS-LUI, CHÉRIE...
CE SONT EUX QUI NOUS ONT ENVOYÉS ICI!
PLUS TARD...
JE NE VOUS COMPRENDS PAS, MON FILS! VOUS AVIEZ UNE OCCASION UNIQUE D'UNIR DEUX ÉMINENTS PSYCHIATRES DEVANT DIEU ET VOUS LES AVEZ CHASSÉS DE L'ÉGLISE!?
AU FAIT, OÙ SONT-ILS À PRÉSENT?
ALORS, VOUS VOUS DÉCIDEZ À LA FIN?
BEN...
HARÉ KRISHNAA
HARÉ KRISHNA
5/B
BERCK - CAUVIN

Applaudis, maître !

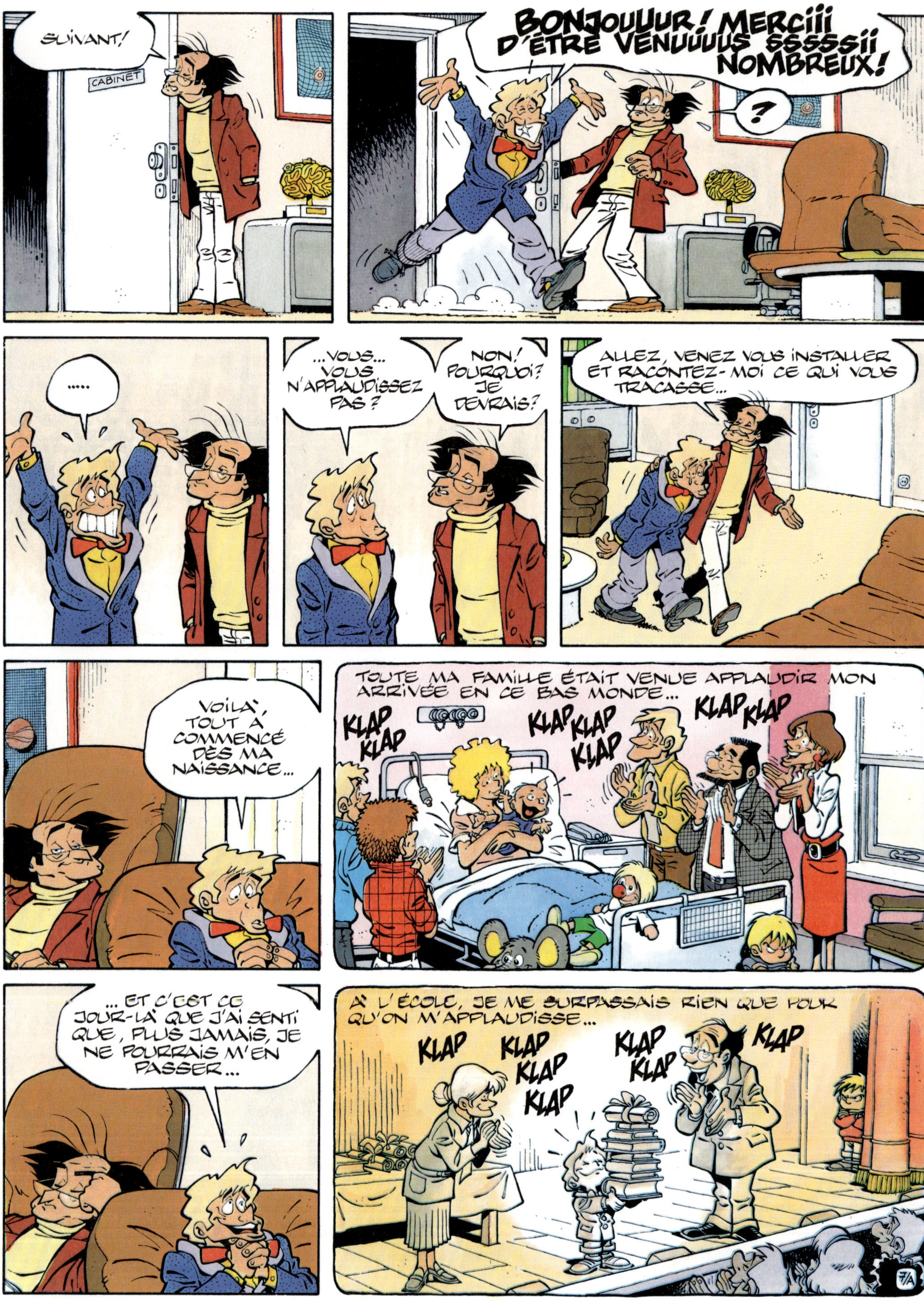
SUIVANT !
CABINET
BONJOUUUR ! MERCIII D'ÊTRE VENUUUUS SSSSSII NOMBREUX !
?
.....
... VOUS... VOUS N'APPLAUDISSEZ PAS ?
NON ! POURQUOI ? JE DEVRAIS ?
ALLEZ, VENEZ VOUS INSTALLER ET RACONTEZ-MOI CE QUI VOUS TRACASSE...
VOILÀ, TOUT A COMMENCÉ DÈS MA NAISSANCE...
TOUTE MA FAMILLE ÉTAIT VENUE APPLAUDIR MON ARRIVÉE EN CE BAS MONDE...
KLAP KLAP
KLAP KLAP KLAP
KLAP KLAP
... ET C'EST CE JOUR-LÀ QUE J'AI SENTI QUE, PLUS JAMAIS, JE NE POURRAIS M'EN PASSER...
À L'ÉCOLE, JE ME SURPASSAIS RIEN QUE POUR QU'ON M'APPLAUDISSE...
KLAP
KLAP KLAP KLAP
KLAP KLAP
KLAP

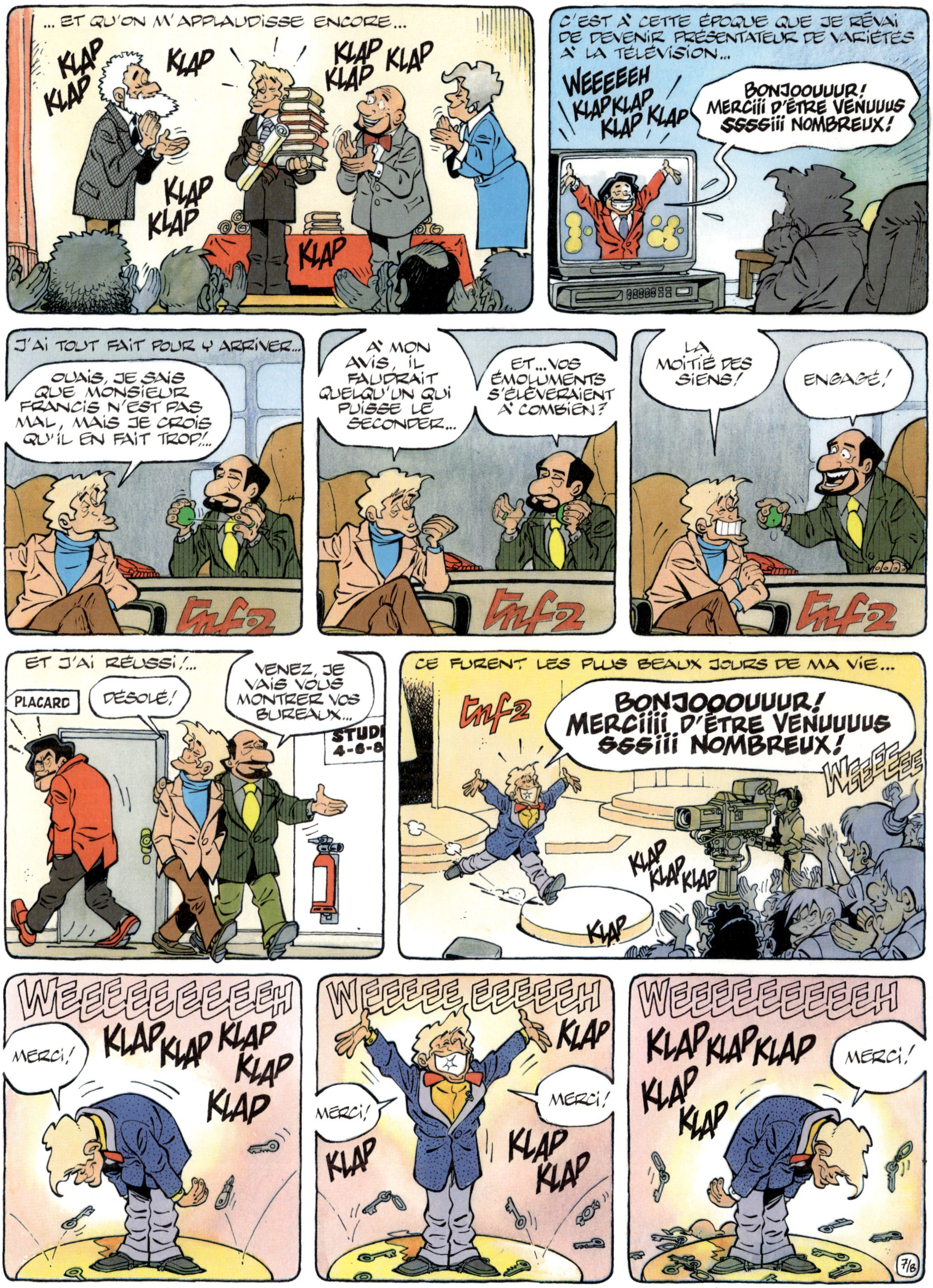

... ET QU'ON M'APPLAUDISSE ENCORE...
KLAP KLAP KLAP KLAP KLAP KLAP KLAP KLAP
C'EST À CETTE ÉPOQUE QUE JE RÊVAI DE DEVENIR PRÉSENTATEUR DE VARIÉTÉS À LA TÉLÉVISION...
WEEEEEH KLAP KLAP KLAP KLAP
BONJOOUUUR! MERCIII D'ÊTRE VENUUUS SSSSIII NOMBREUX!
J'AI TOUT FAIT POUR Y ARRIVER...
OUAIS, JE SAIS QUE MONSIEUR FRANCIS N'EST PAS MAL, MAIS JE CROIS QU'IL EN FAIT TROP!...
tnf2
À MON AVIS, IL FAUDRAIT QUELQU'UN QUI PUISSE LE SECONDER...
ET... VOS ÉMOLUMENTS S'ÉLÈVERAIENT À COMBIEN?
LA MOITIÉ DES SIENS!
ENGAGÉ!
ET J'AI RÉUSSI!...
PLACARD
DÉSOLÉ!
VENEZ, JE VAIS VOUS MONTRER VOS BUREAUX...
STUDI 4-6-8
CE FURENT LES PLUS BEAUX JOURS DE MA VIE...
tnf2
BONJOOOUUUR! MERCIIII D'ÊTRE VENUUUUS SSSIII NOMBREUX!
WEEEEEE
KLAP KLAP KLAP KLAP
WEEEEEEEEEEH
MERCI!
KLAP KLAP KLAP KLAP KLAP
WEEEEE EEEEEH
KLAP
MERCI!
MERCI!
KLAP KLAP KLAP
WEEEEEEEEEEEH
KLAP KLAP KLAP KLAP KLAP
MERCI!
7/8

JE ME LEVAIS SOUS LES APPLAUDISSEMENTS...
PLUS FORT, CHÉRIE ! PLUS FORT !
WEEEEH ! CLAP CLAP CLAP CLAP !
KLAP
KLAP KLAP
0830
JE TRAVAILLAIS SOUS LES APPLAUDISSEMENTS...
BONJOOOUUR ! MERCiiii D'ÊTRE VEENUUUUS SSSiiii NOMBREUX !
WEEEEEH
KLAP
KLAP
KLAP
JE ME COUCHAIS SOUS LES APPLAUDISSEMENTS...
PLUS FORT, CHÉRIE... PLUS FORT...
KLAP
WEEEH ! CLAP CLAP CLAP CLAP !
KLAP KLAP
PFF !
2312
MAIS LES ANNÉES PASSANT...
BONJOOUUR ! MERCiiii D'ÊTRE VEENUUUS SSSiii NOMBREUX !
WEEEH
KLAP
KLAP
KLAP
...CE QUI DEVAIT ARRIVER...
À MON AVIS, VOUS EN FAITES TROP...
PERMETTEZ-MOI DE VOUS PRÉSENTER MONSIEUR ALEXIS... IL VOUS SECONDERA !
...ARRIVA...
PLACARD
DÉSOLÉ !
VENEZ, JE VAIS VOUS MONTRER VOS BUREAUX...
AUJOURD'HUI, PLUS PERSONNE NE SONGE À M'APPLAUDIR ! J'AI PERDU MON TRAVAIL, MA FEMME M'A QUITTÉ, JE N'AI PLUS LE GOÛT DE ViiHiiiiVRE...
POURQUOI N'ESSAYEZ-VOUS PAS, À PRÉSENT, D'APPLAUDIR LES AUTRES ?
MOI ?
JE NE POURRAI **JAMAIS** Y ARRIVER !
QU'EST-CE QUE VOUS EN SAVEZ ? VOULEZ-VOUS QU'ON ESSAIE ?
7/C

PEU APRÈS...
BONJOUR! MERCI D'ÊTRE VENUS SI NOMBREUX!
WEH!
EH BIEN?
PEUX PAS! JE N'Y ARRIVE PAS!
PAS DE PANIQUE, ON VA REMETTRE ÇA! FORCEZ-VOUS, QUE DIABLE!
JE N'Y ARRIVERAI PAS, JE VOUS DIS!
MAIS AU FIL DES SÉANCES*...
BONJOUUR! MERCII D'ÊTRE VENUUUS SSII NOMBREUX!
WEEH!
KLAP
...MEERCIII D'ÊTRE VENUUS SIII NOMBREUX!
WEEEH!
KLAP KLAP
...SSIII NOMBREEUUX!
WEEEH!
KLAP KLAP KLAP
...NOMBREEUUUUX!
KLAP KLAP
WEEEEH!
WEEH!
KLAP KLAP KLAP
MONSIEUR HARDY, VOUS ÊTES GUÉRI!
OH MERCI, DOCTEUR! MERCI!
MERCI!
BONJOOOUUUR! MEERCIII D'ÊTRE VENUUUS SSIII NOMBREEUUUX!
QUI L'AURAIT CRU? UN DOCTEUR QUI ABANDONNE SON MÉTIER POUR DEVENIR PRÉSENTATEUR DE VARIÉTÉS...
JE ME SUIS TOUJOURS DIT QU'IL N'ÉTAIT PAS BIEN DANS SA TÊTE!
À... À... M...ON AVIS, IL DEVRAIT AL...LER VOIR UN PS...SY...CHIATRE!
7/10

* JE NE VOUS DIS PAS LE PRIX...

Matière à soupçons

ALLEZ-Y, JE VOUS ÉCOUTE...
DOCTEUR, SI JE SUIS ICI, C'EST À CAUSE DE MADELEINE...
MADELEINE?
C'EST MA FEMME! J'AI LA NETTE IMPRESSION QU'ELLE ME TROMPE!...
ALLONS, ALLONS, PAS DE JUGEMENT HÂTIF! QU'EST-CE QUI VOUS FAIT CROIRE CELA? VOUS AVEZ DES PREUVES?
NON, PAS VRAIMENT, MAIS ELLE N'EST PLUS COMME AVANT...
AVANT, ELLE ÉTAIT AUX PETITS SOINS POUR MOI...
CHÉRIII, JE PEUX TE SERVIR QUELQUE CHOOOSE?
À PRÉSENT...
CHÉRIE, J'AI SOIF!...
HÉ! HO! IL Y A TOUT CE QUE TU VEUX DANS LE FRIGO, ALORS BOUGE TON POPOTIN, VEUX-TU?
ET CE N'EST PAS TOUT...
AVANT...
CHÉRIIII, TON PETIT DÉJEUNER EST PRÊÊÊÊT!
J'ARRIVE!
À PRÉSENT...
CHÉ... CHÉRIE, ...TU NE TE LÈVES PAS?...
MMM?... QUAND TU AURAS PRÉPARÉ LE PETIT DÉJEUNER...
12/1

AVANT...
TULUB TULULUB
ALLÔ, CHÉRIII? QU'EST-CE QUE TU VEUX MANGER CE SOIR?
À PRÉSENT...
TUD TID TIDUDID TUD TUDID
ALLÔ, CHÉRIE? QU'EST-CE QU'ON MANGE CE SOIR?
UN JOUR, JE SUIS RENTRÉ CHEZ MOI PLUS TÔT QUE PRÉVU... ELLE N'ÉTAIT PAS LÀ...
CHÉRIE? HOUHOUU...
CHÉRIE, C'EST MOI!...
..C'EST MOI.. ...MOI... ..OI...
QUAND ELLE EST RENTRÉE, ELLE M'A DIT QU'ELLE AVAIT ÉTÉ RENDRE VISITE À SA MÈRE...
QUOI D'ÉTONNANT À CELA?
ELLE N'A PLUS DE MOMAN!
VOUS VOUS FAITES DES IDÉES!... AVEC L'ÂGE, ELLE A CHANGÉ, VOILÀ TOUT...
PWÂP
RENTREZ CHEZ VOUS ET TÂCHEZ DE VOUS CONVAINCRE QUE VOUS ÊTES LE PLUS HEUREUX DES HOMMES... VOUS VERREZ, TOUT S'ARRANGERA...
AU REVOIR, DOCTEUR!
C'EST CELA, AU REVOIR!
INET
TUD TID TIDUDID TUD TUDID
ALLÔ? MADELEINE?... IL SERAIT PRÉFÉRABLE QUE NOUS NE NOUS VOYIONS PLUS PENDANT QUELQUE TEMPS!... À MON AVIS, TON MARI SE DOUTE DE QUELQUE CHOSE...
12/2
CAUVIN - BÉDU.

Premières neiges

OH, MERCI! MERCI, DOCTEUR, D'ÊTRE VENU AUSSI VITE!
QUE SE PASSE-T-IL?
CB2010092D
IL S'AGIT DE MON MARI! DEPUIS DES HEURES, IL EST ASSIS SUR LE BANC, AU FOND DU JARDIN, IMMOBILE, À REGARDER LE CIEL...
SANS DIRE UN SEUL MOT!...
C'EST GRAVE, DOCTEUR?
JE VAIS ALLER LE VOIR! JE VOUS DIRAI ÇA APRÈS!
?
?
ALORS, MONSIEUR DURANT, DITES-MOI, QU'EST-CE QUE VOUS REGARDEZ COMME CELA?...
MMH?
J'ATTENDS QU'IL NEIGE!
AH! VOYEZ-VOUS ÇA!...
ET POURQUOI ATTENDEZ-VOUS QU'IL NEIGE, MONSIEUR DURANT?
MMH?
JE VAIS VOUS EXPLIQUER...
11/1

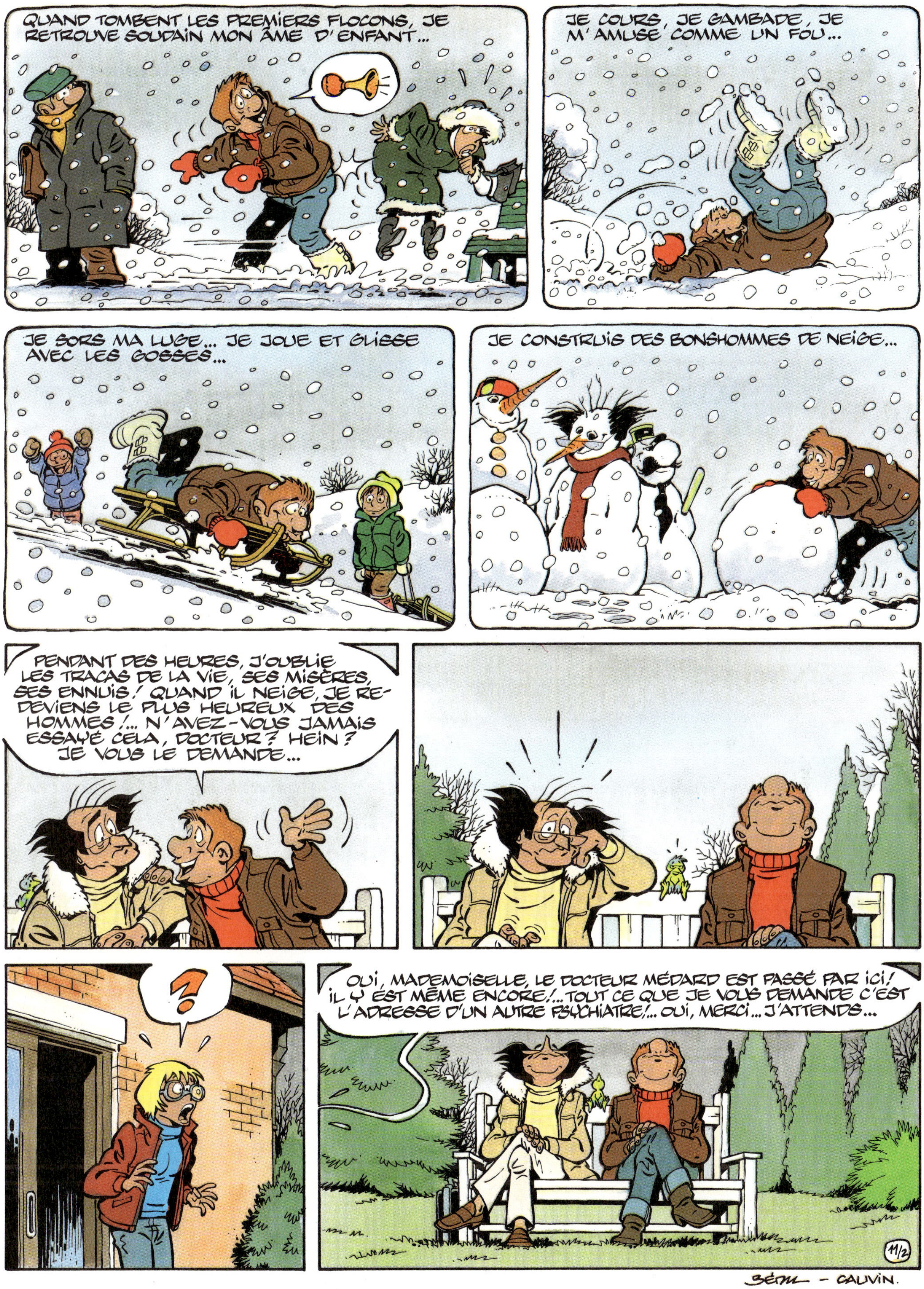
QUAND TOMBENT LES PREMIERS FLOCONS, JE RETROUVE SOUDAIN MON ÂME D'ENFANT...
JE COURS, JE GAMBADE, JE M'AMUSE COMME UN FOU...
JE SORS MA LUGE... JE JOUE ET GLISSE AVEC LES GOSSES...
JE CONSTRUIS DES BONSHOMMES DE NEIGE...
PENDANT DES HEURES, J'OUBLIE LES TRACAS DE LA VIE, SES MISÈRES, SES ENNUIS! QUAND IL NEIGE, JE REDEVIENS LE PLUS HEUREUX DES HOMMES!... N'AVEZ-VOUS JAMAIS ESSAYÉ CELA, DOCTEUR? HEIN? JE VOUS LE DEMANDE...
?
OUI, MADEMOISELLE, LE DOCTEUR MÉDARD EST PASSÉ PAR ICI! IL Y EST MÊME ENCORE!... TOUT CE QUE JE VOUS DEMANDE C'EST L'ADRESSE D'UN AUTRE PSYCHIATRE!... OUI, MERCI... J'ATTENDS...
11/2

SÉRON - CAUVIN.

Récidive

CABINET
ENTREZ DONC, MON CHER CONFRÈRE !
J'AVOUE AVOIR ÉTÉ SURPRIS LORSQUE J'AI REÇU VOTRE COUP DE TÉLÉPHONE. UN PSYCHIATRE DEMANDANT UN RENDEZ-VOUS À UN AUTRE PSYCHIATRE, CE N'EST PAS TRÈS COURANT...
INSTALLEZ-VOUS, VOUS CONNAISSEZ LA ROUTINE...
ALLEZ-Y, JE VOUS ÉCOUTE...
TOUT A COMMENCÉ VOICI UN AN OU DEUX... À CE MOMENT-LÀ, J'AVAIS PARMI MA CLIENTÈLE UN CERTAIN BERNARD DUMONT...
...QUI DÉFRAYA LA CHRONIQUE EN BLESSANT GRIÈVEMENT UN POLICIER DE DEUX BALLES DANS LE VENTRE...
AÏÏE !
BLAM BLAM
JE VOLAI AUSSITÔT À SON SECOURS....
ET N'EUS AUCUNE PEINE À PROUVER À LA COUR ET AU JURY QUE CE MALHEUREUX AVAIT AGI SOUS LE COUP D'UNE FOLIE PASSAGÈRE...
ET QUE, DE CE FAIT, IL NE POUVAIT ÊTRE RESPONSABLE DE SES ACTES.
ET N'OUBLIONS JAMAIS QU'ON N'INCARCÈRE PAS UN MALADE, MONSIEUR LE JUGE, MAIS ON LE SOIGNE !
4/A

IL FUT AUSSITÔT HOSPITALISÉ DANS UNE MAISON SPÉCIALISÉE ET CONFIÉ À MES SOINS.
JE LUI FIS SUBIR UN TRAITEMENT ADÉQUAT...
VOUS EN PRENDREZ DEUX LE MATIN, DEUX LE MIDI, ET QUATRE AVANT D'ALLER VOUS COUCHER !
ET SIX SEMAINES APRÈS, PAR UN BEAU MATIN DE PRINTEMPS, IL QUITTAIT L'HÔPITAL...
...POUR SE RETROUVER, LE SOIR MÊME, DANS UNE CELLULE DE LA PRISON D'ÉTAT !
IL AVAIT... ENCORE ABATTU UN POLICIER ?
NON, UN AVOCAT !
UNE FOIS DE PLUS, JE ME PRÉCIPITAI AU SECOURS DE MON CLIENT...
ET UNE FOIS DE PLUS, JE PUS CONVAINCRE LA COUR QUE CETTE ANDOUILLE N'ÉTAIT PAS RESPONSABLE DE SES ACTES AU MOMENT DES FAITS...
ET N'OUBLIEZ PAS, MONSIEUR LE JUGE, ON N'INCARCÈRE PAS UN MALADE, ON LE SOIGNE !
DIB DIBIDIB
UNE FOIS DE PLUS, IL FUT HOSPITALISÉ ET CONFIÉ À MES SOINS... ET APRÈS UN TRAITEMENT DE CHOC...
GLG GLG GLG GLG GL
D.KOX

UN MOIS PLUS TARD, PAR UNE BELLE MATINÉE D'ÉTÉ, IL QUITTAIT L'HÔPITAL...
POUR SE RETROUVER EN CELLULE LE SOIR MÊME...
ENCORE UN AVOCAT?
NON, UN JUGE!
ET UNE FOIS ENCORE...
JE PUS CONVAINCRE LA COUR QUE CE CRÉTIN, FILS DE CRÉTIN ET PETIT-FILS DE CRÉTIN... BREF!
ET N'OUBLIEZ PAS, ON N'INCARCÈRE PAS UN MALADE...
ON LE SOIGNE! VOUS POUVEZ L'EMMENER!
HOSPITALISÉ... CONFIÉ À MES SOINS...
VROOM
TRAITEMENT DE CHOC...
GLLG GLLG GLLG GLG
DEUX MOIS PLUS TARD, PAR UN BEAU MATIN D'AUTOMNE...
ET LE SOIR MÊME...
KLIK KLIK
UN... UN JUGE?
UN PROCUREUR...
C'EST À CE MOMENT-LÀ QUE JE ME SUIS RENDU COMPTE QUE CE TYPE ÉTAIT VRAIMENT UN MALADE, UN FOU DANGEREUX!...

ET JE DÉCIDAI DE NE PLUS INTERVENIR...
DRIIING DRIIING
C'EST ALORS QUE CE @#☠%!! A DÉCIDÉ DE FAIRE APPEL À UN AUTRE PSYCHIATRE!
CET IMBÉCILE S'EST PRÉCIPITÉ À SON SECOURS...
ET A CONVAINCU LA COUR QU'AU MOMENT DES FAITS, CE PARASITE NE POUVAIT ÊTRE RENDU RESPONSABLE DE SES ACTES...
ET N'OUBLIEZ PAS, UN MALADE...
JE SAIS!
IL L'EMMENA DANS SON HÔPITAL, LUI FIT SUBIR UN TRAITEMENT ADÉQUAT...
VOUS EN PRENDREZ DEUX LE MATIN, DEUX LE MIDI ET QUATRE AVANT D'ALLER VOUS COUCHER!
ET PAR UN BEAU MATIN D'HIVER...
POUR SE RETROUVER LE SOIR MÊME...
UN JUGE?
NON
UN MINISTRE?
NON
UN CHARCUTIER? UN BOULANGER?
NON
SUR QUI A-T-IL TIRÉ ALORS?
SUR MOI!
JE SUIS SORTI DE L'HÔPITAL AVANT-HIER!
ALORS ÇA, C'EST INCROYABLE! IL TIRE SUR UN PSYCHIATRE ET ON LE LAISSE EN LIBERTÉ!? C'EST À DÉSESPÉRER DE LA JUSTICE!...
4/10

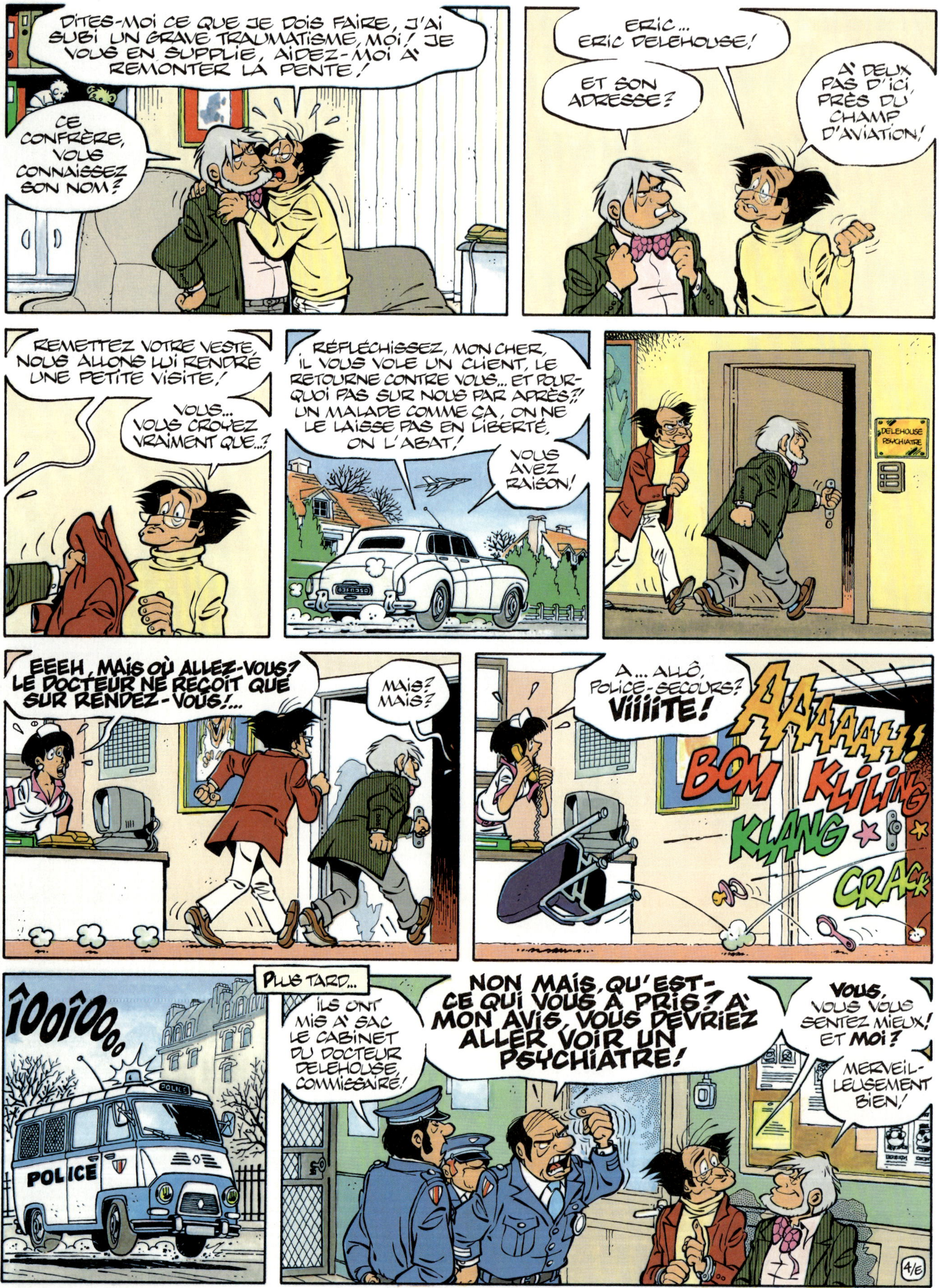
DITES-MOI CE QUE JE DOIS FAIRE, J'AI SUBI UN GRAVE TRAUMATISME, MOI! JE VOUS EN SUPPLIE, AIDEZ-MOI À REMONTER LA PENTE!
CE CONFRÈRE, VOUS CONNAISSEZ SON NOM?
ÉRIC... ÉRIC DELEHOUSE!
ET SON ADRESSE?
À DEUX PAS D'ICI, PRÈS DU CHAMP D'AVIATION!
REMETTEZ VOTRE VESTE, NOUS ALLONS LUI RENDRE UNE PETITE VISITE!
VOUS... VOUS CROYEZ VRAIMENT QUE...?
RÉFLÉCHISSEZ, MON CHER, IL VOUS VOLE UN CLIENT, LE RETOURNE CONTRE VOUS... ET POURQUOI PAS SUR NOUS PAR APRÈS?! UN MALADE COMME ÇA, ON NE LE LAISSE PAS EN LIBERTÉ, ON L'ABAT!
VOUS AVEZ RAISON!
DELEHOUSE PSYCHIATRE
EEEH, MAIS OÙ ALLEZ-VOUS? LE DOCTEUR NE REÇOIT QUE SUR RENDEZ-VOUS!...
MAIS? MAIS?
A... ALLÔ, POLICE-SECOURS? VIIIITE!
AAAAAH!
BOM
KLILING
KLANG
CRACK
PLUS TARD...
ÎOOÎOOooo
POLICE
POLICE
ILS ONT MIS À SAC LE CABINET DU DOCTEUR DELEHOUSE, COMMISSAIRE!
NON MAIS, QU'EST-CE QUI VOUS A PRIS? À MON AVIS, VOUS DEVRIEZ ALLER VOIR UN PSYCHIATRE!
VOUS, VOUS VOUS SENTEZ MIEUX! ET MOI?
MERVEILLEUSEMENT BIEN!
4/E
CAUVIN - SÉDU

Sans parole

ÇA VA, CE SERA TOUT POUR AUJOURD'HUI...
ALORS, DOCTEUR ?
IL N'Y A PAS BEAUCOUP DE CHANGEMENT...
DITES-MOI, MADAME, CE REFUS DE COMMUNIQUER ET DE NE VOULOIR PARLER À PERSONNE, IL EN SOUFFRE DEPUIS LONGTEMPS ?
DEPUIS SA NAISSANCE, DOCTEUR.
AH !? ET À CETTE ÉPOQUE, AVEZ-VOUS CONSULTÉ UN PÉDIATRE ?
NON.
UN MÉDECIN ?
NON, POURQUOI ?
MAIS... MAIS PARCE QU'IL PEUT ÊTRE TOUT SIMPLEMENT MUET !
TIENS ! C'EST VRAI ! EH BEN, JE N'Y AI PAS PENSÉ !...
MOI ? ME FAIRE SOIGNER ?... MAIS POURQUOI ?
PARCE QUE, QUAND ON EST BÊTE À CE POINT-LÀ, CE N'EST PAS NORMAL !... **ALLEZ-Y, JE VOUS ÉCOUTE !**
15/1
CAUVIN - BÉDU.

L'imbécile qui court après les vélos !

BIEN ! ALLEZ-Y ! JE VOUS ÉCOUTE ...
BEN, VOILÀ ...
JE SUIS ISSU D'UNE FAMILLE NOMBREUSE.
DA !
À L'ÉPOQUE, MES PARENTS NOUS ACHETÈRENT UN PETIT VÉLO. ÉTANT L'AÎNÉ DE LA FAMILLE, C'EST D'ABORD MOI QUI L'ÉTRENNAI ...
MAIS TRÈS VITE, CE FUT MON JEUNE FRÈRE QUI EN HÉRITA ET C'EST MOI QUI DUS LUI APPRENDRE À ROULER ...
C'EST ÇA ! TIENS BIEN LE GUIDON ! POUSSE SUR LES PÉDALES !
PUIS, IL PASSA AU FRÈRE SUIVANT ...
REGARDE BIEN DEVANT TOI !
OUAIS, C'EST PARFAIT.
PUIS À MA SOEUR ...
NE REGARDE PAS DERRIÈRE ! TIENS-TOI BIEN DROITE !
ENCORE À UNE AUTRE SOEUR ...
AIE CONFIANCE, TU VAS VOIR, ÇA VA ALLER TOUT SEUL !
PUIS À FRÉDÉRIC.
QUI C'EST, CE FRÉDÉRIC ?
UN AUTRE FRÈRE ...
DITES, ÇA VA ENCORE CONTINUER DURER LONGTEMPS ? SI VOUS ME DISIEZ EXACTEMENT CE QUI VOUS AMÈNE ICI !
J'Y ARRIVE, J'Y ARRIVE !
2/A

LES ANNÉES PASSANT, J'AI APPRIS À ROULER À TOUTE LA FAMILLE... Y COMPRIS À DES COUSINS ET À DES COUSINES...
TIENS-TOI BIEN DROITE! POUSSE À FOND SUR LES PÉDALES!
ET MÊME À DES COPAINS...
OUAAIIS! C'EST ÇA! TU ES DANS LE BON!
DANDINE-TOI SUR LES PÉDALES! MORDS DANS TON GUIDON!
BREF, UN JOUR, COMME ÇA, SANS M'EN RENDRE BIEN COMPTE, JE ME SUIS APERÇU QUE J'ADORAIS COURIR DERRIÈRE LES VÉLOS! EN UN MOT, **J'Y AVAIS PRIS GOÛT.**
ALORS, POUR ASSOUVIR MON VICE, JE ME SUIS DÉCIDÉ À ASSISTER À QUELQUES ÉTAPES DU TOUR DE FRANCE.
PWAAP
TUUT TUUT
PEDALORAMA
ZOZZO
SURTOUT CELLES QUI COMPORTENT DES COLS!
ALLEZ!
ACCROCHE-TOI, MON VIEUX! NE REGARDE PAS DERRIÈRE!
FONCE!
HÉLAS, UN JOUR, À MON INSU, JE FUS FILMÉ PAR UNE CAMÉRA DE TÉLÉVISION.
LE JOUR MÊME, JE PASSAIS À LA POSTÉRITÉ.
QUI C'EST, CET IMBÉCILE QUI COURT APRÈS LES VÉLOS?
2/8

ON ME RECONNAISSAIT, MÊME DANS LA RUE...
MAIS JE VOUS RECONNAIS, VOUS!
JE VOUS AI VU À LA TÉLÉVISION! VOUS ÊTES CET IMBÉCILE QUI COURAIT APRÈS LES VÉLOS!
JE SIGNAIS MÊME DES AUTOGRAPHES!
QUI C'EST?
C'EST L'IMBÉCILE QUI COURT APRÈS LES VÉLOS! TU NE REGARDES JAMAIS LA TÉLÉ?
AINSI, C'ÉTAIT VOUS?
QUOI MOI?
BEN, CET IMBÉCILE QUI COURT APRÈS LES VÉLOS!
OUI!
HAHAHA! ALORS LÀ, C'EST LA MEILLEURE! C'EST VRAI QU'ON NE VOUS VOIT JAMAIS QUE DE DOS!
HIHIHI... BIEN! DITES-MOI CE QUI VOUS AMÈNE ICI!
JE VOUDRAIS REDEVENIR QUELQU'UN DE NORMAL!
REGAGNER L'ANONYMAT! LA GLOIRE, C'EST BIEN... MAIS UN NOM, C'EST DUR À PORTER!
SURTOUT UN PAREIL!
JE NE VOUS LE FAIS PAS DIRE!
BIEN! SUIVEZ-MOI! JE CROIS AVOIR TROUVÉ LE MOYEN DE VOUS DÉBARRASSER DE CE TIC! CAR CE N'EST PAS UN VICE, MONSIEUR, C'EST UN TIC!
J'AIME MIEUX ÇA!
PLUS TARD...
VOUS CROYEZ VRAIMENT QUE...?
J'EN SUIS SÛR!
2/C

VOUS ÊTES VRAIMENT SÛR ?
CERTAIN, MÊME ! NOUS ALLONS VOUS REDONNER LE GOÛT DU VÉLO !
ALLEZ-Y ! QU'EST-CE QUE VOUS ATTENDEZ ?
AGG GUEU GHH !
ALORS ?
ÇA... ÇA... ÇA MARCHE ! ÇA MAARCHE !
AH, VOUS VOYEZ BIEN !
?!
MAIS ! MAIS QUE ?..
ALLEZ, MON GARS, TIENS-TOI DROIT ! NE REGARDE PAS EN ARRIÈRE !
POUSSE BIEN SUR TES PÉDALES !
?!
ACCRO-CHE-TOI ! TU LES AURAS !
iiiii
KRASCH
KLONG GLING
MAIS QU'EST-CE QUI VOUS A PRIS ? VOUS ÉTIEZ POURTANT BIEN PARTI ?
UN INSTANT, J'AI CRU QUE C'ÉTAIT MOI QUI ME COURAIS APRÈS !...
MAIS ÇA NE POUVAIT ÊTRE VOUS ! VOUS, VOUS ÉTIEZ SUR LE VÉLO !
?
ALORS, QUI C'ÉTAIT CE TYPE ?
UN IMBÉCILE QUI COURT APRÈS LES VÉLOS !
MAIS C'EST MOI ÇA !
ÇA AURAIT PU ÊTRE VOUS !...
AH, VOUS VOYEZ BIEN !
MAIS PUISQUE JE VOUS DIS... OH... ET PUIS ZUT !

CAUVIN - BÉDU.

L'habit fait le moine

VOYEZ-VOUS, J'AI DÉCOUVERT QUE, QUEL QUE SOIT LE VÊTEMENT QUE JE REVÊTAIS PENDANT LA JOURNÉE, JE CHANGEAIS ENTIÈREMENT DE PERSONNALITÉ...
VOUS AVEZ DES EXEMPLES ?
BIEN SÛR ! LUNDI MATIN, J'AI ENFILÉ UN MAILLOT DE BAIN...
... ET J'AI ÉTÉ NAGER TOUTE LA MATINÉE...
L'APRÈS-MIDI, J'AI ENFILÉ UNE SOUTANE, COMME ÇA, RIEN QUE POUR VOIR...
ÇA M'A DONNÉ L'ENVIE DE CHANTER LES VÊPRES JUSQU'À CINQ HEURES DE L'APRÈS-MIDI...
Viiir-tuuus...
LE LENDEMAIN, MARDI, J'AI ENFILÉ UN SHORT BLANC...
... ET J'AI PASSÉ DES HEURES À JOUER AU TENNIS...
LE SOIR, J'AI MIS MON PYJAMA...

... ET J'AI ROUPILLÉ TOUTE LA NUIT...
RRROOOR...
MERCREDI, J'AI ENFILÉ DES BOTTES DE CAVALIER ...
ET VOUS AVEZ FAIT DE L'ÉQUITATION TOUTE LA JOURNÉE...
QUELQUES HEURES SEULEMENT...
... PARCE QUE L'APRÈS-MIDI, J'AI REVÊTU UN UNIFORME DE C.R.S ...
C'EST CE JOUR-LÀ QUE J'AI BATTU MES VOISINS DE PALIER ...
ENFIN, HIER SOIR, J'AI ENFILÉ MON COSTUME DE SUPPORTER DE MON CLUB DE FOOTBALL...
JE NE VOUS DIS PAS LA SUITE...
HIC
DITES-MOI, DOCTEUR, QU'EST-CE QUE JE DOIS FAIRE POUR RESTER ENFIN MOI ?
DANS VOTRE CAS, JE NE VOIS QU'UNE SOLUTION...
SUIVANT !
CAUVIN - BÉDU.

Dans les jupes de sa mère

AU SUIVANT !
CABINET
?
EXCUSEZ-MOI, MAIS JE N'EN SOIGNE QU'UN À LA FOIS ! OU C'EST VOUS, MADAME, OU C'EST LUI !
C'EST LUI, DOCTEUR !
ET LUI, C'EST QUI ?
FERNAND... MON FILS !... IL A TOUJOURS AIMÉ SE CRAMPONNER À MOI...
... ET ÇA FAIT 35 ANS QUE ÇA DURE !...
JE VOIS ! ÉCOUTEZ-MOI, MON PETIT FERNAND, VOUS ALLEZ VOUS INSTALLER BIEN CONFORTABLEMENT SUR CE DIVAN... MMH ?
ET PENDANT QUE NOUS DISCUTERONS, VOTRE CHÈRE PETITE MAMAN VA RESTER UN PETIT MOMENT À CÔTÉ, DANS LA SALLE D'ATTENTE...
NAN !
SI !
NAN !
MAIS SI !
MAIS NAN !
LÀ VOUS VOYEZ BIEN DOCTEUR ?

BIEN ! ALLEZ-Y, JE VOUS ÉCOUTE !
TOUT ENFANT, FERNAND DÉTESTAIT DE JOUER AVEC LES AUTRES ENFANTS...
DÉJÀ, À L'ÉPOQUE, IL S'ACCROCHAIT À MES JUPES ET MOI, JE TROUVAIS CELA NORMAL...
C'EST QUAND JE L'AI MIS À L'ÉCOLE POUR LA PREMIÈRE FOIS QUE J'AI COMMENCÉ À M'INQUIÉTER...
LYCEE CAUVIN
APRÈS UN COURT LAPS DE TEMPS, TOUS LES ENFANTS LÂCHENT LEUR MAMAN ET FINISSENT BON GRÉ MAL GRÉ PAR SE RENDRE DANS LEUR CLASSE...
LUI, NON !...
ALLONS, VIENS, FERNAND ! TU ES UN GRAND GARÇON, MAINTENANT !
NAN ! J'VEUX PAS !
TU VIENS, DIS ?
NAN ! J'VEUX PAS ! J'VEUX PAS !
J'VEUX PAS ! J'VEUX PAS !
CRAAAK
SUR LE MOMENT MÊME, J'AI CRU À UN CAPRICE PASSAGER...
RÉPÉTEZ AVEC MOI, LES ENFANTS... AAA...
AAAAAAA...
J'AI EU TORT...
... COMBIEN DE TEMPS FAUDRA-T-IL POUR REMPLIR LA BAIGNOIRE, SACHANT QUE LE DÉBIT DU PREMIER ROBINET EST DE ...

... LES ANNÉES PASSANT...
...ET QUE LE CARRÉ DE L'HYPOTÉNUSE EST ÉGAL AU TIERS DE LA MOITIÉ DE...
JE VOIS, JE VOIS... ET VOTRE MARI DANS TOUT ÇA ?
OH! MON MARI!...
AU DÉBUT, QUAND FERNAND ÉTAIT PETIT, IL N'A JAMAIS REFUSÉ QU'IL DORME AVEC NOUS...
ZZZZ
C'EST QUAND IL EST DEVENU PLUS GRAND QUE LES CHOSES SE SONT GÂTÉES...
?
BOM
ALORS, IL M'A LAISSÉ LE CHOIX...
MARGUERITE, Y EN A MARRE! OU C'EST LUI... OU C'EST MOI!
ET VOUS AVEZ CHOISI FERNAND!
OUI! C'EST MON FILS TOUT DE MÊME!... ALORS, IL EST PARTI!... DITES, QU'EST-CE QUE VOUS AURIEZ FAIT À MA PLACE ?
À VOTRE PLACE, JE L'IGNORE, MAIS À SA PLACE, J'EN AURAIS FAIT AUTANT!...
OH! PARDON!
ET... ENSUITE?
FERNAND A... EUH!... ENFIN NOUS AVONS QUITTÉ L'ÉCOLE...
ALORS IL S'EST MIS À CHERCHER UN EMPLOI ! PAS FACILE QUAND ON N'A QU'UNE MAIN LIBRE...
PARDON?
BEN OUI, L'AUTRE EST TOUJOURS ACCROCHÉE À MA ROBE!...
AH OUI! J'OUBLIAIS...
13/3

IL LUI FALLAIT DONC TROUVER UN TRAVAIL QUI LUI PERMETTE DE M'AVOIR SANS CESSE À SES CÔTÉS...
HHHH... PAS FACILE...
ON A TROUVÉ... D'ABORD, IL A ÉTÉ ÉBOUEUR...
LIBRAIRIE
BOLOM BLONG
PUIS VENDEUR DE JOURNAUX...
DEEUUMANDEZ PARIS-FLASH...
PARIS-FLASH
ET ENFIN, GRÂCE À DES AMIS POLITICIENS, IL A TROUVÉ UN TRAVAIL À LA POSTE !
AH BON ! ET... QU'EST-CE QUE VOUS FAISIEZ TOUS LES DEUX À LA POSTE ?
JE LUI PASSAIS LES ENVELOPPES ET LUI, METTAIT LES CACHETS DESSUS...
TSHOP TSHOP
TSHOP TSHOP
INUTILE DE VOUS DIRE QU'À CHAQUE FOIS, AU BOUT DE QUELQUES JOURS, IL ÉTAIT MIS DEHORS...
VOILÀ POURQUOI EN DÉSESPOIR DE CAUSE, JE SUIS VENUE VOUS VOIR !... IL FAUT QUE VOUS LUI EXPLIQUIEZ, DOCTEUR !...
IL EST GRAND TEMPS QU'IL APPRENNE À VIVRE SANS MOI !...
J'ALLAIS VOUS LE DIRE !
BIEN !... À PRÉSENT, VOUS CHANGEZ DE PLACE ! VOUS PAR LÀ, LUI PAR ICI ! HOP ! ET QUE ÇA SAUTE !
13/4

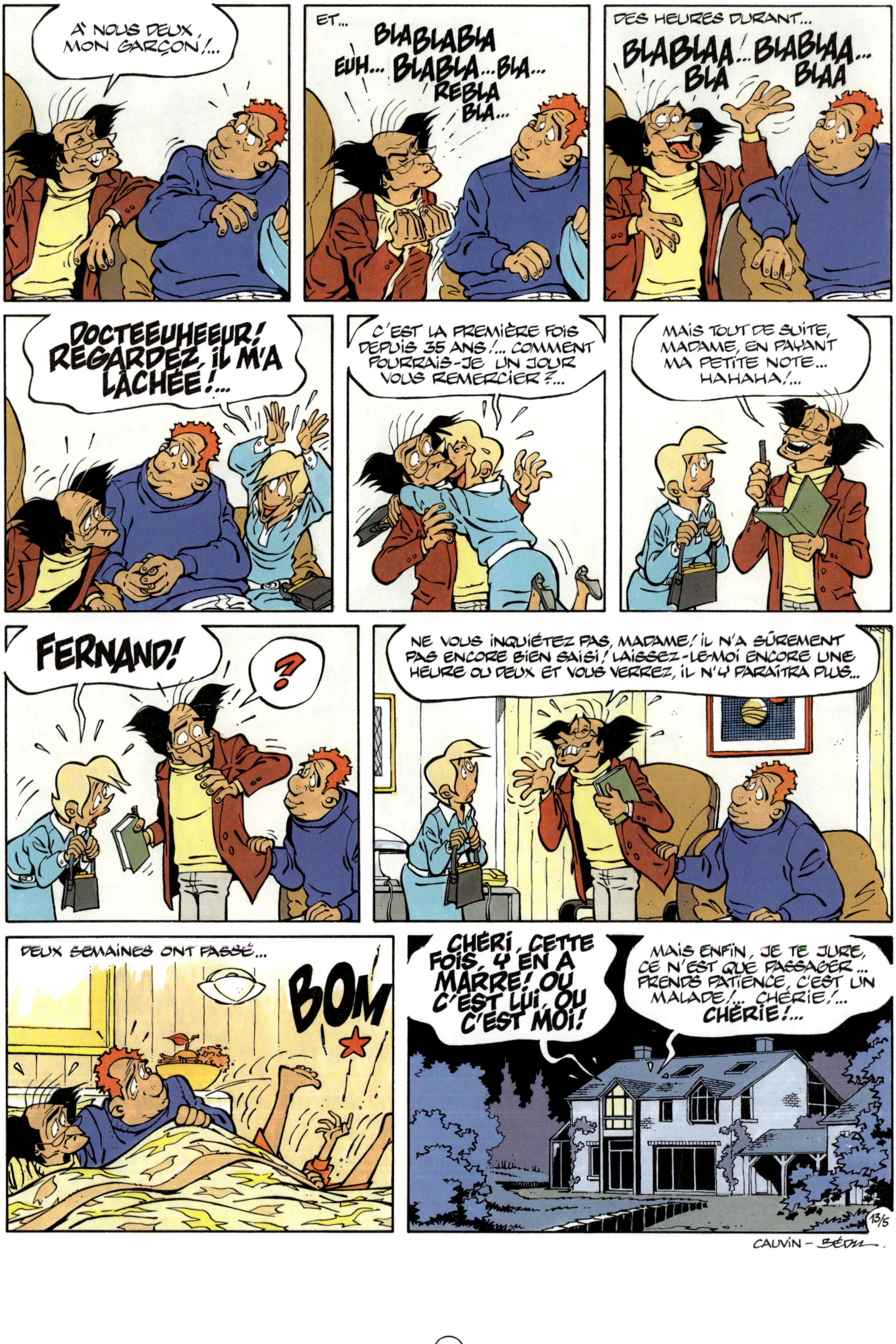
À NOUS DEUX, MON GARÇON !...
ET...
BLABLABLA
EUH... BLABLA... BLA... REBLA BLA...
DES HEURES DURANT...
BLABLAA... BLA ! BLABLAA... BLAA
DOCTEEUHEEUR ! REGARDEZ, IL M'A LÂCHÉE !...
C'EST LA PREMIÈRE FOIS DEPUIS 35 ANS !... COMMENT POURRAIS-JE UN JOUR VOUS REMERCIER ?...
MAIS TOUT DE SUITE, MADAME, EN PAYANT MA PETITE NOTE... HAHAHA !...
FERNAND !
?
NE VOUS INQUIÉTEZ PAS, MADAME ! IL N'A SÛREMENT PAS ENCORE BIEN SAISI ! LAISSEZ-LE-MOI ENCORE UNE HEURE OU DEUX ET VOUS VERREZ, IL N'Y PARAÎTRA PLUS...
DEUX SEMAINES ONT PASSÉ...
BOM
CHÉRI, CETTE FOIS, Y EN A MARRE ! OU C'EST LUI, OU C'EST MOI !
MAIS ENFIN, JE TE JURE, CE N'EST QUE PASSAGER... PRENDS PATIENCE, C'EST UN MALADE !... CHÉRIE !... CHÉRIE !...
13/5
CAUVIN - BÉDU

Un client récalcitrant

ÇA NE VA PAS ENCORE ?
NON.
À MON AVIS, TU DEVRAIS ALLER CONSULTER UN PSYCHIATRE !
C'EST LE QUATRIÈME QUE JE FAIS !
SSLLRP
CONSULTES-EN UN CINQUIÈME, TU FINIRAS BIEN PAR TOMBER SUR LE BON...
JE VOUS ÉCOUTE !
J'AIME PAS LES FLICS...
NI LES MAGISTRATS... NI LES MILITAIRES...
NI LES MINISTRES, NI LES DESSINATEURS, NI LES EMPLOYÉS DE L'ÉTAT, NI CEUX DU PRIVÉ, J'AIME PAS LES DOCTEURS, NI LES ENFANTS... J'AIME PAS...
DITES, VOUS NE SEMBLEZ AIMER PERSONNE, VOUS ! LES PSYCHIATRES, VOUS LES AIMEZ AU MOINS ?
CHAQUE FOIS QUE J'EN VOIS UN, C'EST LA QUESTION QU'IL ME POSE...
...ET... QU'EST-CE QUE VOUS LEUR RÉPONDEZ ?
QU'ILS SONT ENCORE PLUS **CONS** QUE LES AUTRES !
...ÇA NE VA PAS ENCORE ?
NON.
À MON AVIS, TU DEVRAIS CONSULTER UN PSYCHIATRE !
ÇA FAIT LE CINQUIÈME QUE JE FAIS !
ESSAYES-EN UN SIXIÈME, TU FINIRAS BIEN PAR TOMBER SUR LE BON...
...COMMENCE À EN AVOIR MARRE !...
9/A
BÉDU - CAUVIN.

L'injure aux lèvres

PÂLE TYPE!
SUIVANT!
C'EST POUR VOUS?
NON, C'EST POUR MON MARI.
ET DE QUOI SOUFFRE-T-IL?
VOILÀ PLUSIEURS MOIS DÉJÀ QU'IL NE CAUSE PLUS... IL INSULTE!
IL... IL INSULTE?... MAIS QUI?
BEN, MOI... LES VOISINS, LA CONCIERGE,...
LES PASSANTS, LES CURÉS, LES AGENTS DE POLICE,... ENFIN, TOUS CEUX QU'IL RENCONTRE!...
VOUS AVEZ CONSULTÉ UN PSYCHIATRE?
?
EUH... AHEM... EXCUSEZ-MOI! FAITES-LE ENTRER ET LAISSEZ-NOUS SEULS, VOULEZ-VOUS?
OUI, DOCTEUR.
LAVETTE!
VIEILLE SAUCISSE!
CABINET
INSTALLEZ-VOUS, S'IL VOUS PLAIT.
ANDOUILLE!
PASTÈQUE!

JE VOUS ÉCOUTE...
BLANC D'OEUF!
BÊTE TYPE!
BOURRELET!
CROTTIN D'ÂNESSE!
LOPETTE!
CLOAQUE!
ENFLURE!
PET!
DÉGÉNÉRÉ!
MORPION!
CLAQUETTE DES ANTILLES!
MONSTRE DU LOCH NESS!
PUSTULE!
STOP!
MINUS!
RINGARD!
OUAIS, JE VOIS CE QUE C'EST...
MOLÉCULE!
SOUPAPE!
DANS VOTRE CAS, LES MÉDICAMENTS NE SERVIRONT PAS À GRAND-CHOSE! NOUS ALLONS DONC ESSAYER UNE NOUVELLE THÉRAPIE...
VISCÈRE!
ZOULOU!
À PARTIR DE MAINTENANT, CHAQUE FOIS QUE VOUS DIREZ UNE INSULTE, VOUS RESSENTIREZ, COMME QUI DIRAIT, UNE LÉGÈRE DOULEUR...
BETTERAVE!
SAUCISSE!
BLAF
L'EUSSIEZ-VOUS CRU?
¡
14/2

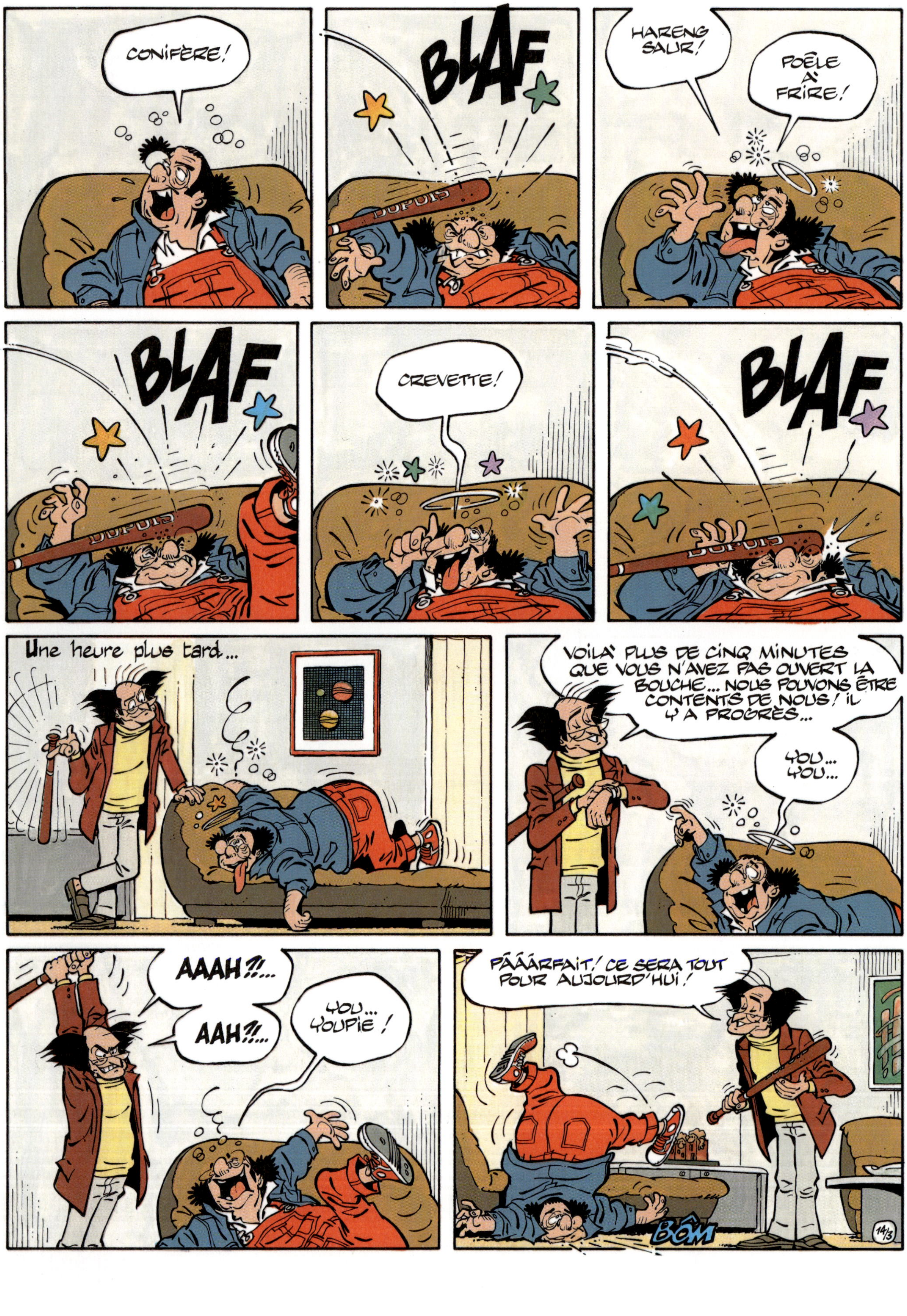
CONIFÈRE !
BLAF
DUPUIS
HARENG SAUR !
POÊLE À FRIRE !
BLAF
DUPUIS
CREVETTE !
BLAF
DUPUIS
Une heure plus tard...
VOILÀ PLUS DE CINQ MINUTES QUE VOUS N'AVEZ PAS OUVERT LA BOUCHE... NOUS POUVONS ÊTRE CONTENTS DE NOUS ! IL Y A PROGRÈS...
YOU... YOU...
AAAH ?!...
AAH ?!...
YOU... YOUPIE !
PÂÂÂRFAIT ! CE SERA TOUT POUR AUJOURD'HUI !
BÔM
14/3

JE VOUS EN PRIE, MADAME...
ÇA... ÇA VA, MARCEL ?...
IL VA, MADAME !
DITES-MOI, DOCTEUR, QU'EST-CE QUI LUI EST ARRIVÉ ?... IL EST TOUT MAUVE...
UNE PETITE ALLERGIE AU TRAITEMENT SANS DOUTE ! CE SONT DES CHOSES QUI ARRIVENT...
IL... IL VA DEVOIR PRENDRE QUELQUE CHOSE ?
EN CAS DE RECHUTE, ÇA S'IMPOSE ! JE VOUS FAIS UNE ORDONNANCE...
VIENS, MARCEL, AVANT DE RENTRER CHEZ NOUS, ON VA PASSER PAR LA PHARMACIE...
POURQUOI LA PHARMACIE ?
BEN... L'ORDONNANCE ?...
C'EST POUR UN MAGASIN D'ARTICLES DE SPORT ! VOUS AVEZ DE LA CHANCE, IL Y EN A UN À DEUX PAS D'ICI !
AUTANT VOUS LE DIRE TOUT DE SUITE, CE GENRE D'ARTICLE N'EST PAS REMBOURSÉ PAR LA SÉCURITÉ SOCIALE !...
JE VOUS L'EMBALLE ?
leebrol
LAPOSTE
ALLEZ-Y, MON CHER CONFRÈRE, JE VOUS ÉCOUTE...
VOILÀ, JE RENTRAIS CHEZ MOI... JE ROULAIS CALMEMENT QUAND, SOUDAIN, JE ME SUIS FAIT INSULTER PAR UN AUTOMOBILISTE... ET LÀ, JE NE M'EXPLIQUE PAS MA RÉACTION...
...UN FOU, JE TE DIS ! JE NE SAIS PLUS CE QUE JE LUI AI DIT, MAIS IL A PRIS LA MOUCHE... IL EST SOUDAIN SORTI DE SA VOITURE AVEC UNE BATTE DE BASE-BALL, ET VOILÀ...
Y EN A TOUT DE MÊME QUI DEVRAIENT CONSULTER UN PSYCHIATRE !...
14/4
CAUVIN - SERON.

Le cœur sur la main...

ALLEZ-Y, JE VOUS ÉCOUTE...
EH BIEN, VOILÀ, DOCTEUR! LES GENS QUI ME CONNAISSENT BIEN SAVENT QUE J'AI TOUJOURS EU TROP BON CŒUR...
EN EFFET, À TOUS CEUX QUI FRAPPAIENT À MA PORTE...
C'EST POUR LA TOMBOLA DE L'ÉCOLE...
JE DONNAIS!
CE FUT AINSI POUR TOUT...
LE BAL DE LA POLICE...
LE CALENDRIER DES SCOUTS...
OU CELUI DES POSTES...
EN PASSANT PAR LA CROIX-ROUGE...
TING GLING
LA CROIX-JAUNE...
TING GLING
LA CROIX-BLEUE...
TING GLING
À CHAQUE FOIS, J'AI DONNÉ...

QUAND ON M'A DEMANDÉ DE CONTRIBUER À LA RECHERCHE CONTRE LE CANCER...
LE SIDA...
LA SCLÉROSE EN PLAQUES...
LA MUCOVISCIDOSE...
J'AI ENCORE DONNÉ!
QUAND ON M'A DEMANDÉ MON ÉCOT POUR LES PAYS EN VOIE DE DÉVELOPPEMENT... L'ANGOLA...
GLING GLING
LA CÔTE-D'IVOIRE...
GLING GLING
LE SAHEL...
GLING GLING
LE GABON...
GLING GLING
J'AI AUSSI DONNÉ!... AINSI QUE POUR VENIR EN AIDE AUX RÉFUGIÉS DES PAYS EN GUERRE...
COMME LE TOGO...
LE BÉNIN...
16/2

LA SERBIE...
LA CROATIE...
ET LE MONTÉNÉGRO...
AJOUTEZ À TOUT CELA LES NOTES DE GAZ, D'EAU, D'ÉLECTRICITÉ, DE TÉLÉPHONE, LES CONTRIBUTIONS ET LA VIGNETTE... J'AI DÉPENSÉ JUSQU'À CE JOUR UNE FORTUNE, SANS JAMAIS RECHIGNER !...
MAIS C'EST TRÈS BIEN, ÇA ! VOUS DEVEZ ÊTRE FIER DE VOUS.
J'AI TOUJOURS TROUVÉ QU'IL ÉTAIT NORMAL D'ÊTRE CHARITABLE ET DE VENIR EN AIDE À SON PROCHAIN... MAIS À PRÉSENT...
À PRÉSENT ?
JE VIENS DE PERDRE MON EMPLOI, JE SUIS INSCRIT AU CHÔMAGE ET IL M'EST IMPOSSIBLE À PRÉSENT DE DISTRIBUER LE MOINDRE SOU !...
OH ! C'EST MOCHE !... MAIS QU'EST-CE QUE JE VIENS FAIRE LÀ-DEDANS ?
LE FAIT DE NE PLUS POUVOIR RIEN DONNER À PERSONNE ME TRACASSE AU PLUS HAUT POINT ET JE VOUDRAIS QUE VOUS ARRIVIEZ À M'EMPÊCHER DE ME CULPABILISER !...
OH ! ATTENDEZ ! NE ME DITES PAS QUE VOUS N'AVEZ MÊME PLUS DE QUOI RÉGLER MES HONORAIRES !?...
SI !
DÉSOLÉ, JE NE PEUX RIEN FAIRE POUR VOUS ! ...SUIVANT !
16/3
CAUVIN - BERCK.